De septembre à décembre (périodes 1 et 2)

Fonctionnement de la langue

- ○ repérer la forme négative
- ○ distinguer les connecteurs temporels et logiques
- ○ ● associer pronoms et substituts correspondants
- ○ ● ponctuer une phrase, un texte
- ○ repérer le style direct (ponctuation, verbes introducteurs)
- ● ● utiliser : gérondif, prépositions, subordination
- ○ déplacer des groupes mobiles
- ● ● transposer en modifiant le temps ou la personne
- ● distinguer les registres de langue
- ● ● sensibiliser à la notion de temps dans la conjugaison
- ● distinguer phrase interrogative et phrase impérative

Entraînement à la lecture

- ○ copier une phrase ou un texte
- ○ ● lire sur la crête des mots
- ○ ● ● repérer un mot dans une liste
- ○ ● ● lire des mots aux graphies proches
- ○ ● ● lire un texte partiellement masqué
- ○ lire des phrases à expansions successives
- ○ ● lire en effectuant des fixations visuelles (empans)
- ● ● lire un texte en effectuant des choix
- ○ ● lire les phrases avec une intonation adaptée

Vocabulaire

- ● repérer et utiliser le préfixe : in, im
- ● repérer et utiliser le suffixe : ment
- ● famille de mots

Production d'écrits

- ○ écrire à la manière de
- ○ transformer un épisode
- ○ poursuivre un dialogue
- ○ écrire une fin différente
- ● adopter un point de vue
- ● écrire un récit à partir d'images
- ● écrire une légende
- ● écrire les paroles d'une BD
- ● écrire les pensées d'un personnage
- ● adopter le point de vue d'un personnage
- ● insérer un épisode dans une histoire
- ● écrire une lettre

Ce que je sais déjà : reconnaître les lettres et le son qu'elles produisent

1 **Écris les lettres dictées.**

2 **Complète chaque mot avec les groupes de lettres donnés :**

• an ai au ain

 une m______son
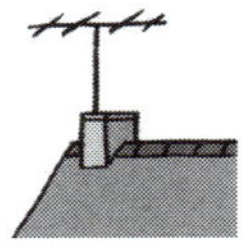 une ______tenne
 une ______to
 du p______

• ou oi on oin

 un p______ss______
 du f______
 une p______le
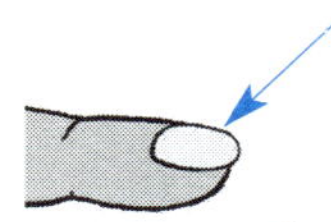 un ______gle

• en ei eu eau

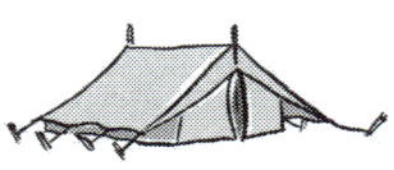 une t______te
 un chât______
 la r______ne
 le f______

3 **Écris chaque mot dans la case qui convient :**

un **s**avon – une ro**s**e – un **g**âteau – la **c**olle – il na**g**e – une pu**c**e

[s] comme dans	[k] comme dans	[g] comme dans	[ʒ] comme dans	[z] comme dans

______	______	______	______	______
______	______	______	______	______

4 **Mets un point sous les lettres muettes.**

une souris – la nuit – le talon – le doigt – une hélice – le banc – la loi – elle chantait

Ce que je sais déjà : repérer les syllabes d'un mot

1 **Pour chaque mot, sépare les syllabes par un trait.**
Écris le nombre de syllabes au-dessous.

po/ti/ron	voiture	cheveu	locomotive
3			

2 **Barre les syllabes qui n'existent pas en français.**

chon   prii   par   tgoi   mou   cran   pvie

quan   ouille   vvai   ran   tri   tion   tloi

3 **Sépare par un trait les mots de la phrase lue par le maître. Écris-la correctement.**

LePetitPoucetsèmedescaillouxblancs.

4 **Écris le mot qui correspond à chaque dessin en plaçant une syllabe par case.**

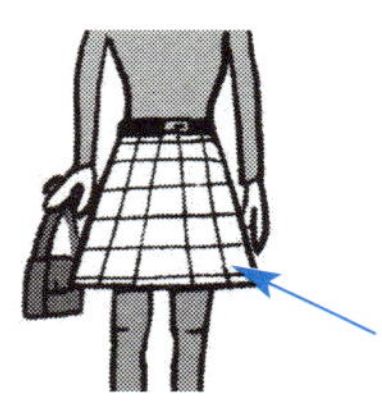

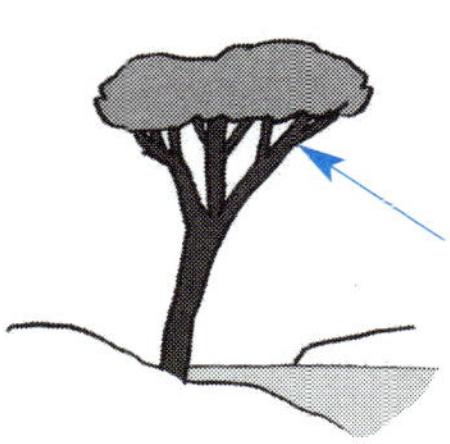

À quoi ça sert de savoir lire ?

✪ **Complète le tableau avec des titres de livres ou de magazines.**

Quand j'étais en maternelle, je lisais :	
Quand j'étais au CP, je lisais :	
Cette année, au CE1, j'aimerais lire :	

À quoi ça sert de savoir lire ?

1 Colle les étiquettes (page 95) dans la colonne correspondante.

Je n'ai pas besoin de lire pour utiliser ou consulter…	Je peux avoir besoin de lire pour utiliser ou consulter…	J'ai besoin de lire pour utiliser ou consulter…

COLLECTIF **2 Pour chaque situation, écris ce qu'on peut lire :**

au marché	à l'école	au cinéma	dans la rue
à la poste	**au téléphone**	**sur l'Internet**	**sur une console de jeux**

Comment on fait pour comprendre ce qu'on lit ?

1 Lis le texte.

Il était une fois un pauvre jeune homme qui rêvait d'un trésor caché sur une très haute montagne. Malheureusement, il ne pouvait pas aller le chercher car la montagne était trop difficile à escalader.
Un jour, le garçon trouva un oiseau merveilleux qui était blessé. Il le soigna avec attention.
L'oiseau guérit et, pour remercier le jeune homme, il tendit une corde du sommet de la montagne jusqu'en bas. Ainsi, le garçon s'accrocha à la corde et trouva le trésor.
Depuis ce jour, il est riche et très heureux.

2 Coche les phrases qui expliquent comment tu as fait pour comprendre le texte.

- ☐ J'ai lu quelques mots.
- ☐ J'ai lu tous les mots.
- ☐ J'ai lu le début des phrases.
- ☐ J'ai fait autrement et j'explique comment.

3 Dessine comme tu imagines.

le garçon	la montagne	l'oiseau blessé	le trésor

Album 1

JEAN-PIERRE MOURLEVAT / ISABELLE CHATELLARD
KOLOS
et
les quatre
voleurs
CE1
Ribambelle
HATIER

Date : ....

❶ Colorie le titre exact de l'album.

Kolos et les quarante voleurs	Kolos et les quarante chanteurs
Kolos et les quatre coureurs	Kolos et les quatre voleurs
Klosos et les quatre voleurs	Kolos et les quarante-quatre voleurs

❷ Complète la fiche d'identité de l'album.

Titre : ______________________________

Auteur : ______________________________

Illustrateur : ______________________________

Éditeur : ______________ | Nombre de pages : ________

❸ Feuillette l'album. Quels personnages vas-tu y rencontrer ?

❹ Lis le texte de 4e de couverture. À ton avis, que vont faire les voleurs ?

p. **5** à **7**

❶ Que viens-tu de lire ? Coche la bonne réponse.

- ☐ un texte documentaire
- ☐ le début d'un conte
- ☐ un poème
- ☐ un article de journal

• Qu'est-ce qui t'a permis de répondre ?

---

❷ Complète le texte avec les étiquettes (page 95).

Il est capable de manger ______ !

Avec ______, il peut fendre ______ en deux !

Lorsqu'il chevauche ______, la terre tremble sous lui !

---

❸ Le sanglier a peur de Kolos. Imagine et écris ce qu'il pense.

---

❹ Imagine la maison du géant. Dessine-la.

Date : ....

p. 8 à 12

❶ Colorie d'une même couleur chaque personnage et ses paroles.

Le premier voleur

Le deuxième voleur

Le troisième voleur

Le quatrième voleur

Je volerai un tonneau de vin.

Je volerai une pomme.

Je rêverai à celle que j'aime.

J'entrerai dans la cuisine.

Je resterai ici.

J'entrerai dans l'écurie.

Je descendrai à la cave.

Je volerai un cheval.

❷ Chaque voleur a de bonnes raisons d'entrer dans la maison du géant. Entoure ce qui correspond à l'histoire.

J'ai faim. Je veux de l'or. J'ai soif.

J'ai froid. Mon âne est vieux et fatigué. Je veux des bijoux.

❸ À quel moment les voleurs veulent-ils entrer dans la maison du géant ?

• **Pourquoi choisissent-ils ce moment ?**

Date : ....

❶ Colle chaque étiquette (page 95) à côté de la phrase correspondante. Colorie ce qui a changé.

Les sangliers allaient vers sa maison.	
Le dernier voleur ira dans la maison.	
Les voleurs entreront dans la chambre.	
Ils voleront les bijoux.	

---

❷ Écris une phrase avec les mots donnés. N'oublie pas la majuscule et la ponctuation !

ne	de la maison du géant	les animaux	pas	s'approchaient

- **Écris la phrase qui dit le contraire.**

---

❸ Copie en écriture cursive. Attention aux majuscules et à la ponctuation !

Il était une fois un géant qui s'appelait Kolos. On en avait peur.

Date : ....

Complète le texte. Illustre-le.

Il était une fois un géant qui s'appelait
Tout le monde

Personne n'approchait jamais sa maison,
pas même les animaux sauvages :
les n'y allaient pas…
les
les

On disait de lui :
– Il est capable de manger
– Avec
il peut

– Lorsqu'il chevauche son

Date : ....

1 Écris *vrai* ou *faux*.

- Un croissant de lune éclaire la campagne. .... ________
- Les voleurs ont une lampe. .... ________
- Le géant dort profondément. .... ________

---

2 Barre les mots qui ne correspondent pas à l'histoire.
Écris au-dessous ceux qui conviennent.

« J'y vais. Mais ne quittez pas des yeux la porte de la cuisine :

____

si tout va mal, je craquerai une allumette et vous pourrez me défendre… »

____

---

3 Numérote les phrases dans l'ordre de l'histoire.

☐ Mais, lorsqu'il veut sortir, une clé tombe de sa poche.

☐ Le voleur affolé s'enfuit dans la cave et se cache dans un tonneau.

☐ Il entre dans la cuisine et vole une pomme.

☐ Le premier voleur part vers la maison et dit : « Si tout va bien, je craquerai une allumette à la fenêtre de la cuisine. »

☐ Le géant se réveille à cause du bruit. Il menace le voleur de sa voix terrible.

---

4 Que dit le géant ? Complète la bulle.

1 **Coche la bonne réponse.**

Le deuxième voleur pense avoir vu le signal prévu car :

- [ ] son frère craque une allumette.
- [ ] un ver luisant se met à briller.
- [ ] le géant allume une lampe.

---

2 **Complète le texte avec les mots donnés.**

descend	jette	se cache	charge
renverse	se glisse	se sauve	arrive

Le deuxième voleur ____________ dans la maison du géant. Il ____________ à la cave et ____________ le tonneau sur son épaule. Mais en remontant l'escalier, il ____________ une cruche. Aussitôt la voix de Kolos retentit.

Le voleur, épouvanté, ____________ . Il ____________ dans l'écurie.

Il ____________ le tonneau dans la carriole et ____________ sous la paille.

---

3 **Quel signal doit donner le deuxième voleur pour dire que tout va bien ?**

- **Entoure le cri qui correspond à ce signal.**

Hi… hi… hi…   Ho… ho… ho…   Ha… ha… ha…   Hou… hou... hou…

---

4 **Complète le dessin en t'aidant du texte page 21.**

Date : ....

À DEUX

1 Choisis parmi les groupes de mots donnés pour compléter ce texte.

Le premier voleur dit à ses frères :

– J'y vais. ______________ regardez bien la fenêtre :

si tout va bien, je craquerai une allumette.

Il se glisse dans la maison du géant et vole une pomme.

______________ il s'apprête à sortir, une clé tombe

de sa poche. Le géant Kolos se réveille et le menace.

Le voleur s'enfuit dans la cave et se cache dans un tonneau.

______________ , un ver luisant se met à briller à la fenêtre !

Mais comme
Au moment où
Surtout
Mais
Au même instant
À ce même moment

2 Colorie les paroles dites par les personnages.

- Le géant se réveille tout à fait et sa voix terrible retentit :

– Qui fouille dans ma cuisine ? Si je l'attrape, je l'écrabouille !

- Un ver luisant se met à briller.

– Tout va bien, pense le deuxième voleur.

Il dit à ses frères :

– J'y vais ! Mais tendez l'oreille : si la voie est libre,

je pousserai le cri de la chouette et vous pourrez me rejoindre.

3 Coche la phrase identique à celle qui est à moitié cachée. Recopie-la.

Une clé tombe et tinte sur le sol : « Kling kling kling… »

- [ ] Une clé tinte sur le sol : « Kling kling kling… »
- [ ] Une clé tombe et tinte sur le sol : « Kling kling kling… »
- [ ] Une clé roule et tinte sur le bol : « Kling kling kling… »

Date : ....

❶ Transforme l'histoire en imaginant un nouveau signal.

La nuit arrive.

Un croissant de lune éclaire encore la campagne.

Le premier voleur dit à ses frères :

– J'y vais. Mais

Le voleur se glisse dans la maison du géant et vole une pomme.

Comme il s'apprête à sortir, il fait un bruit qui réveille le géant.

Alors il se cache et ne bouge plus.

À ce même moment,

---

❷ Imagine et écris les paroles du géant qui vient d'être réveillé par le voleur.

Date : ....

❶ Coche la bonne réponse.

Le troisième voleur pense avoir entendu le signal de son frère car :

☐ son frère a imité la chouette.

☐ le vent s'est mis à souffler dans les arbres.

☐ un oiseau s'est mis à siffler.

---

❷ Numérote les paroles du géant dans l'ordre de l'histoire.

☐ – Qui fouille dans ma cave ?
Si je l'attrape, je l'écrabouille et je l'écrasibouille !

☐ – Qui fouille dans ma cuisine ?
Si je l'attrape, je l'écrabouille !

☐ – Qui fouille dans mon écurie ?
Si je l'attrape, je l'écrabouille, je l'écrasibouille et je le zigouille !

---

❸ Colle les dessins (page 93) dans l'ordre de l'histoire.

le signal prévu	le signal vu ou entendu	le bruit qui réveille le géant	la réaction du géant	la cachette du voleur
	1	1	1	1
2		2	2	2
		3	3	

❶ Numérote les phrases dans l'ordre de l'histoire.

- [1] Le troisième voleur est fou de peur. Il appelle ses frères.
- [ ] Aussitôt, le troisième s'écrie : « Sauvons-nous ! » et il se met à frapper le cheval géant pour le faire avancer.
- [ ] Le premier lui répond qu'il est dans le tonneau. Le deuxième dit qu'il est sous la paille.
- [ ] Alors le troisième voleur saute à terre et attelle la carriole à son vieil âne.
- [ ] Mais le cheval géant se met à manger son avoine.
- [ ] Les trois voleurs le supplient d'aller plus vite mais l'âne répond : « Je fais ce que je peux ! » Et il sort tranquillement de l'écurie.

❷ Recopie les paroles des trois voleurs et de l'âne dans les bulles (album pages 29 et 30).

❸ À ton avis, pourquoi le cheval géant ne veut-il pas avancer ?

❶ De qui s'agit-il ? Colorie la case qui correspond au mot souligné.

Le troisième voleur, fou de peur, appelle ses frères :

– Au secours ! Où êtes-vous ?

mon frère	mes frères

Il entend une première voix :

le troisième voleur	le géant

– Je suis dans le tonneau !

le premier voleur	le deuxième voleur

Puis une seconde après :

– Je suis sous la… atchoum… sous la paille !

le premier voleur	le deuxième voleur

– Sauvons-nous vite ! dit le troisième voleur.

---

❷ Repasse les signes de ponctuation selon le code donné :

, jaune   : marron   « » et – bleu   ! vert   ? orange

Le troisième voleur descend de son âne, monte sur le cheval géant et chuchote :

– Hue !

Le cheval fait un pas et renverse un seau qui traînait là :

« Badaglang… glang… »

La voix du géant retentit pour la troisième fois :

– Qui fouille dans mon écurie ? Si je l'attrape, je l'écrabouille, je l'écrasibouille et je le zigouille !

---

❸ Copie les phrases. Fais attention à la ponctuation et aux majuscules !

Hue ! Dia ! Mon vieil âne ! Avance donc !

Date : ....

❶ Lis le texte. Imagine les réponses des voleurs.

Le troisième voleur est dans la maison du géant. Il vient d'entendre le géant crier.

Fou de peur, il appelle ses frères :

– Au secours ! Où êtes-vous ?

Il entend une première voix :

– Je suis dans le tonneau !

– Mais que fais-tu là ?

– Je

Puis il entend une deuxième voix :

– Je suis sous… atchoum… sous la paille !

– Quoi ? Sous la paille ? Mais que fais-tu là ?

– Je

❷ Illustre ton texte.

❶ Complète le résumé. Aide-toi de l'album pages 31 à 35.

Pendant que les trois voleurs s'enfuient avec le vieil âne, la ________

commence à trembler. Kolos a enfourché son ________ géant.

Il les poursuit en criant. Les trois voleurs supplient leur ________ :

« Avance donc, vieux bourricot ! »

Le cheval géant galope en faisant un bruit de ________

et renverse les ________ . Kolos brandit son énorme ________ .

Chaque ________ apeuré dit : « Adieu, mes ________ ! »

❷ Colorie les phrases qui montrent la force colossale du géant et de son cheval.

La terre commence à trembler.	Il se lance à la poursuite des voleurs.
Il renverse les arbres.	Le cheval galope dans un bruit de tonnerre.
Il est en colère.	Il brandit son énorme massue.

❸ Pourquoi les voleurs se disent-ils adieu ?

❹ Imagine ce que pourrait dire l'âne.

p. 38 à 4

1 Écris vrai ou faux.

- Tout à coup, tout devient si sombre qu'on n'y voit plus rien. .... ____________
- Tout à coup, le cheval géant et Kolos tombent dans un trou. .... ____________
- Le cheval de Kolos galope si vite qu'il s'écrase contre un rocher. .. ____________
- Pendant un instant, tout est noir et silencieux. .... ____________
- Une toute petite lumière tremblote dans la nuit. .... ____________
- Le quatrième voleur dit qu'il a enterré la lune. .... ____________

2 Soudain, tout est devenu noir. Explique pourquoi.

3 À l'aide des étiquettes, reconstitue les paroles du quatrième voleur.

| et, pour celle que j'aime, | sur l'arbre le plus haut |
| Je suis monté | j'ai décroché la lune. |

4 Coche les phrases qui correspondent à l'histoire.

Les voleurs sont sauvés parce que :

- ☐ des nuages cachent la lune.
- ☐ leur frère est amoureux.
- ☐ la lune éclaire la nuit.
- ☐ leur frère a décroché la lune.

Date : ....

❶ Écris chaque phrase en inversant les deux parties comme dans le modèle.

> Dans un bruit de tonnerre, le cheval géant galope.
> → Le cheval géant galope dans un bruit de tonnerre.

En vous attendant, je suis monté sur l'arbre le plus haut.

Pour celle que j'aime, j'ai décroché la lune.

---

❷ Écris une phrase avec les mots donnés. N'oublie pas la majuscule et le point.

lueur	nuit	une	dans	faible	tremblote	la

---

❸ Complète le texte. Aide-toi de l'album pages 32 et 33.

– Avance donc, vieux bourricot ! ______________ le voleur sur l'âne.

– Avance donc, vieux bourricot ! ______________ le voleur dans le tonneau.

– Av… av… atchoum… avance donc, vieux bourricot ! ______________ le voleur sous la paille.

– J'ai mal aux pattes ! ______________ l'âne.

---

❹ Dans chaque série, souligne les mots identiques à celui qui est encadré.

canasson	mollasson – limaçon – canasson – caparaçon – charançon – canasson
âne	âme – âne – cane – an – âne – aine – âne – nage – anis – ânon – âne
cheval	chenil – cheval – chorale – cheval – carnaval – cloche – cheval
bourricot	bourrique – boussole – bourricot – haricot – boussole – bourricot

Date : ....

Imagine une autre fin pour cette histoire. Illustre ton texte.

Derrière les voleurs, le cheval géant galope dans un bruit de tonnerre. Il va droit devant lui en renversant les arbres et Kolos brandit son énorme massue.

– Adieu mes frères ! dit en pleurant le voleur sur l'âne.

– Adieu mes frères ! se lamente le voleur dans le tonneau.

– A… tchoum… adieu mes frères ! murmure le voleur sous la paille.

Soudain

Date : ....

❶ Choisis d'autres titres possibles pour cette histoire. Entoure-les.

Sauvés par l'amour

Des voleurs cruels

Perdus à cause de l'amour

Un géant courageux

L'amour est plus fort que la méchanceté

Le colosse de la montagne

---

❷ Pour toi, quel est le moment le plus drôle ?

• Pour toi, quel est le moment le plus effrayant ?

---

❸ À ton avis, que pensent finalement les voleurs du comportement de leur frère amoureux ?

---

❹ Les voleurs avaient-ils raison de voler le géant ? Pourquoi ?

Album 2

Chauvel - Simon
POPOTKA
LE PETIT SIOUX
Mahto
CE1
Ribambelle
HATIER

Date : ....

1 Une BD, qu'est-ce que c'est ? Coche la bonne réponse.

- ☐ une Bulle Dessinée
- ☐ Beaucoup de Dessins
- ☐ une Bien Dessinée
- ☐ une Bande Dessinée

2 Relie.

titre •	• Mahto
sous-titre •	• Fred Simon
scénariste •	• Popotka le petit Sioux
dessinateur •	• David Chauvel

3 Coche les dessins qui font partie de la bande dessinée *Popotka*.

4 Relie chaque mot à sa définition.

bulle •	• dessin délimité par un cadre
planche •	• espace où sont écrites les paroles des personnages
case •	• page entière d'une BD

5 Observe la page 11 de la BD et réponds aux questions.

Combien de cases comptes-tu ? ____________

Combien de bulles comptes-tu ? ____________

❶ Écris le nom de ces trois personnages.

❷ Colle les étiquettes (page 93) au bon endroit.

❸ Imagine et écris ce que Sapa et Popotka ont fait pendant la journée.

1 Coche la réponse qui correspond à l'histoire.

Quand se passe cet épisode ?

- ☐ le jour même
- ☐ le lendemain
- ☐ la veille

Où se passe cet épisode ?

- ☐ dans le camp où vit Popotka
- ☐ près de la rivière
- ☐ près du tipi de Hoka

---

2 Complète le résumé. Aide-toi de l'album pages 6 à 9.

Les deux ______________ font boire leurs poneys à la ______________.

À ce moment-là, Hoka, un Indien d'un autre groupe, arrive.

Il les provoque en traitant leurs poneys de ______________.

Puis il leur propose de faire une ______________. Popotka gagne.

Hoka est furieux. Le soir, Sapa raconte à tout le clan que Hoka a perdu contre Popotka et son ______________.

---

3 Observe la bande suivante. Décris ce que fait Hoka. Explique pourquoi.

---

4 Imagine ce que pense Hoka. Écris-le. Aide-toi de l'album page 9.

Pffff...

❶ Recopie tous les mots qui correspondent à des cris de joie (pages 3 à 9).

---

❷ Ajoute la ponctuation à la fin de chaque phrase. Choisis entre (!) ou (?) ou (…). Tu peux t'aider de ton album pages 6 et 7.

– Alors, les Poghelis ☐ ☐ Il paraît que vous avez des poneys ☐ ☐

Moi, je ne vois pas de poneys ici ☐ Juste deux spinspinzas ☐

Deux chiens de prairies gras et ronds ☐ ☐

– Je suis sûr qu'ils sont plus courageux et plus rapides que n'importe

lequel de vos chevaux ☐

– Ah vraiment ☐ ☐ Eh bien c'est ce qu'on va voir ☐

COLLECTIF **❸ Pourquoi voit-on souvent plusieurs signes de ponctuation qui se suivent ?**

---

❹ Dans chaque série, entoure le mot qui appartient à l'histoire.

licou	claque	panier	rivière	rocher	courte
bijou	clan	poney	misère	route	course

---

❺ Écris la phrase identique à celle qui est à moitié cachée.

Popotka attache une lanière à sa jambe et au licou de son poney

Date : ....

Le soir, Sapa raconte les aventures de sa journée.
Écris ce qu'il dit.

Date : ....

1 **Comment Popotka s'est-il rendu compte de la disparition de son poney ?**

---

2 **Relie le début et la fin de chaque phrase.**

J'étais très inquiet •

J'étais très excité •

• de partir pour la première fois en expédition avec Papa.

• de savoir ce qui était arrivé à mon poney.

---

3 **Barre les phrases qui ne correspondent pas aux cases.**

Case 1 : Le père de Popotka est en colère, il frappe les enfants.
Le père de Popotka arrête les enfants de la main.

Les étoiles montrent que Sapa a très mal.
Les étoiles signifient que Sapa heurte Popotka.

Case 2 : La forme blanche signifie que la branche s'enflamme en se cassant.
La forme blanche signifie que la branche fait un petit bruit en cassant.

Case 3 : Le père de Popotka tourne la tête brusquement.
Le père de Popotka est piqué sur la joue.

---

4 **Imagine et écris ce qui va se passer maintenant.**

Date : ....

❶ Comment s'appelle le garçon qui rejoint le groupe ? À quelles pages apparaît-il avant cet épisode ?

❷ Pourquoi le jeune Indien semble-t-il perdu ?

❸ Relie le début et la fin de chaque phrase.

Le père •	• sont ravis que leur camarade soit avec eux.
Sapa et Popotka •	• ne parlent pas.
Gnuska •	• est en colère mais il trouve Gnuska courageux.
	• est content de faire partie de l'expédition.

❹ Pourquoi Popotka est-il confus ? Pourquoi son père est-il en colère ?

Date : ....

1 **Récris les phrases en remplaçant nous par *vous*.**

Le soleil brille quand nous quittons le camp… Nous marchons longtemps.

Nous cherchons les poneys.

Le soleil brille quand vous quittez

• **Récris les phrases en remplaçant nous par *je*.**

Le soleil brille quand nous quittons le camp… Nous marchons longtemps.

Nous cherchons les poneys.

Le soleil brille quand je quitte

---

2 **Recopie une phrase qui pose une question (album pages 14 à 16).**

• **Recopie une phrase qui donne un ordre.**

---

3 **Combien de fois lis-tu les mots encadrés ?**

longtemps		toujours		pourtant	

longtemps *pourtant* temps LONGTEMPS **lorgner** POURTANT

longtemps bonjour toujours *longtemps* température

toujours pourtant partout **toujours** BONJOUR longue

TOUJOURS **partout** toutou lanterne tempo

Date : ....

Dans l'album, l'épisode des antilopes est raconté par une suite d'images. Écris ce qui s'est passé.

❶ Coche la première phrase de l'histoire racontée par le père de Popotka.

☐ Je suis sûr que Papa avait honte de moi.

☐ Avant que les vrais hommes marchent sur cette terre,
il n'y avait que cinq loups, cinq frères qui chassaient toujours ensemble.

☐ Sapa et moi, on avait attendu la lune des fraises.

- **Coche la dernière phrase de l'histoire racontée par le père de Popotka.**

☐ Et lorsqu'il fut arrivé en bas, il ajouta d'autres étoiles au ciel et appela Alouette.

☐ Et nous avons tous longuement regardé le ciel avant de nous endormir.

☐ Et Alouette s'empressa d'aller répandre la nouvelle,
et tout le monde s'émerveilla des talents d'Iktomi.

---

❷ Numérote les phrases dans l'ordre de l'histoire.

☐ Avec un grand nombre de flèches, il fit une sorte de corde.

☐ Là, ils s'aperçurent que les deux animaux étaient des grizzlis.

1 Iktomi voulait rejoindre les deux grands animaux qui habitaient dans le ciel.

☐ Les loups grimpèrent tout là-haut dans le ciel. Il les suivit.

☐ Les loups s'approchèrent des grizzlis pour les regarder de plus près.

☐ Il redescendit et appela Alouette qui alla répandre la nouvelle :
« Le beau spectacle dans le ciel est l'œuvre d'Iktomi. »

☐ C'était tellement beau qu'Iktomi décida de laisser les loups avec les grizzlis.

---

❸ Qui parle ?

....

❹ Trouve un titre pour cette histoire. Écris-le.

❶ À ton avis, qu'allait dire Popotka ? Complète la bulle.

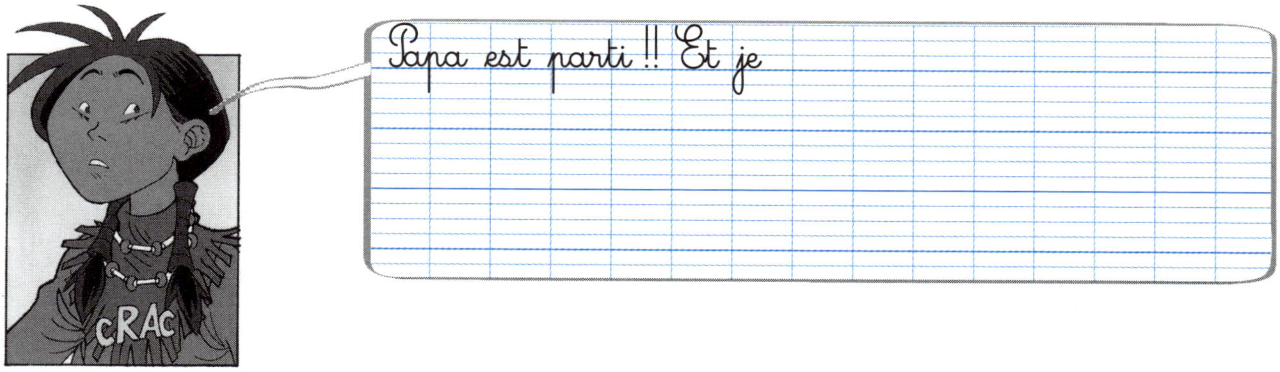

❷ Observe l'album page 24. Quel personnage crie le plus fort ? Comment le sais-tu ?

❸ Coche les bonnes réponses.

- Le père pense que les poneys sont près de la rivière car il sait qu'ils ont besoin :
  - ☐ de dormir.
  - ☐ de boire.
  - ☐ de nager.
  - ☐ de manger.
- Popotka comprend qu'il se passe quelque chose d'étrange car :
  - ☐ Sapa a un air méfiant.
  - ☐ les poneys sont agités.
  - ☐ les oiseaux chantent.
  - ☐ il y a un grand silence.
  - ☐ son père regarde autour de lui avec méfiance.

❹ Comment le dessinateur montre-t-il que quelque chose d'inattendu va se passer ?

1 Reconstitue trois phrases avec les étiquettes (page 93).

---

2 Écris le contraire de chaque mot.

connu → **in**connu

correct → ______________

visible → ______________

capable → ______________

accessible → **in**accessible

utile → ______________

exact → ______________

explicable → ______________

possible → **im**possible

prudent → ______________

buvable → ______________

mangeable → ______________

---

3 Écris une phrase avec l'un des mots trouvés dans l'exercice 2.

---

4 Barre les mots qui n'expriment pas des contraires.

impatient impoli intrus introuvable

insecte intérieur incapable incendie

Date : ....

À ton tour, écris une légende qui explique la présence des étoiles dans le ciel. Illustre ton texte.

p. **26** à **29**

❶ Complète ce résumé en choisissant un mot de chaque série.

Soudain, un ours énorme ______________ de la forêt.	sort / tombe
Le poney de Sapa se cabre et l'enfant ______________ .	tombe / court
L'ours s'approche de Sapa et du père de Popotka,	
il ______________ en poussant un cri terrible.	marche / se dresse
Voyant son père et son ami en danger, Popotka	
______________ une flèche sur l'ours.	lance / donne
Aussitôt, l'animal ______________ vers lui.	se retourne / s'enfuit
Popotka ______________ sur son poney mais l'ours	crie / s'enfuit
le ______________ de très près. Soudain, ils se trouvent	poursuit / frappe
face à des troncs qui ______________ le passage.	font / barrent
Popotka crie : « IHO ! » et son poney franchit l'obstacle.	

❷ Que montrent les traits sur ces vignettes ? Écris le numéro correspondant.

1

2

3

4

l'inquiétude ☐ la vitesse ☐ un saut ☐ la surprise ☐

❸ Recopie les onomatopées présentes dans le texte (pages 26 à 29).

______________ ______________ ______________

❹ Que penses-tu du comportement de Popotka ? Aurais-tu agi ainsi ? Pourquoi ?

Date : ....

p. **30** à **32**

❶ Relie ce qui correspond à l'histoire.

- Pendant que Popotka s'enfuyait devant l'ours, Papa, Sapa et Gnuska •
- Quand son papa l'a pris dans ses bras, Popotka •
- Quand Sapa et Gnuska disent à Popotka qu'il est formidable, •

- • s'est rendu compte de ce qui s'était vraiment passé.
- • a presque pleuré.
- • il répond qu'il faut féliciter son poney.
- • s'est mis à trembler très fort.
- • ont remonté les collines jusqu'à l'endroit où ils avaient dormi la veille.

❷ Dans quel autre épisode de la BD parle-t-on des ours ?

❸ Relève la phrase qui dit que le père de Popotka n'a pas du tout envie de se venger de l'ours. À ton avis, pourquoi ?

❹ Quand Popotka dit : « Et quel que soit celui qui s'en était pris à nos poneys… il avait bien raté son coup », à quoi pense-t-il ?

Date : ....

1 Colorie d'une même couleur les questions qui ont le même sens.

Tu as trouvé les poneys ?

Puis-je rester avec vous ?

Où ils sont ?

As-tu trouvé les poneys ?

Je peux rester avec vous ?

Où sont-ils ?

Est-ce que tu as trouvé les poneys ?

Est-ce que je peux rester avec vous ?

2 Écris une question que pourrait poser chaque personnage à Popotka.

3 Dans chaque série, entoure les mots identiques à celui qui est encadré.

colline	collier – col – colle – colline – colis – colline – câline – colère
honneur	honte – honteux – honneur – horreur – honneur – horrible – honneur
campement	campeur – camper – campement – camping – campement – camp
rejoindre	rejoindre – région – repeindre – rejoindre – requin – rejouer

✪ Complète les bulles de la bande dessinée.

Date : ....

❶ Dans ce résumé de l'histoire, barre les phrases fausses.

À la lune des Fraises, Popotka reçut un poney. Fou de joie, il s'amusa beaucoup avec ses amis. Le soir, il le laissa paître avec les chevaux du clan.
Le lendemain, alors que Popotka et Sapa conduisaient leurs poneys vers la rivière, Hoka et ses amis s'approchèrent et les traitèrent de spinspinzas. Sapa et Popotka, vexés, les défièrent à la course. Hoka tricha. Il gagna. Malgré cela, le poney de Popotka fut le plus rapide. Popotka gagna.
La nuit suivante, les poneys disparurent. Sapa, Popotka et son père partirent à leur recherche. Le soir venu, ils firent un feu et le père de Popotka leur raconta la légende d'Iktomi. Pendant la nuit, ils furent attaqués par des loups.
Au réveil, ils partirent en direction de la rivière. Les poneys n'étaient pas là.
Au moment où ils s'apprêtaient à repartir, surgit Mahto. L'ours attaqua le père de Popotka et Sapa. Popotka le blessa d'une flèche. L'ours, furieux, se retourna et le chargea. Il saisit Popotka et le tua. Popotka, sur son poney, réussit à distancer Mahto. Sains et saufs, les hommes rentrèrent au campement où un festin fut organisé en l'honneur de Popotka.

---

❷ Quelle case as-tu préférée ? Pourquoi ?

---

❸ Relève deux autres titres de la collection *Popotka*.

---

❹ Si tu avais été Popotka, te serais-tu vengé de Hoka ? Pourquoi ?

Album 3

Le Maître Chat
D'après
Charles Perrault
Benjamin Lacombe
CE1
Ribambelle
HATIER

Date : ....

1 Coche les illustrations qui appartiennent à cet album.

 ☐

 ☐

 ☐

 ☐

 ☐

 ☐

2 Qui est l'auteur du *Maître Chat* ?

3 À ton avis, pourquoi le chat a-t-il des bottes ?

4 Écris le titre d'un autre conte de Charles Perrault.

p. 3 à 5

Date : ....

1 Que reçoit chaque fils du meunier en héritage ? Relie.

le plus jeune fils •	• le moulin
l'aîné (le plus âgé des fils) •	• le chat
le deuxième fils •	• l'âne

2 Entoure la phrase qui a le même sens que la phrase encadrée.

Ce dernier ne pouvait se consoler d'avoir si peu.

Le plus jeune était ravi d'avoir eu le chat.

Le plus jeune avait un très grand chagrin d'avoir seulement un chat.

Le plus jeune se consola très vite d'avoir eu seulement un chat.

3 Complète le texte avec les mots donnés.

de bottes
le partage
un sac
les broussailles

« Ne vous inquiétez pas, mon maître ; vous n'avez qu'à

me donner ____________________

et me faire faire une paire ____________________

pour aller dans ____________________, et vous verrez

que ____________________ n'est pas si injuste que ça. »

4 Raconte l'un des tours que le chat a pu faire pour prendre des rats et des souris. Illustre ton texte.

p. 6 à

Date : ....

❶ Coche le résumé qui correspond à l'histoire.
Barre ce qui est faux dans l'autre.

☐ Quelques jours après, le chat partit dans les jardins.
En rusant, il attrapa un oiseau venu se fourrer dans son sac.
Puis il le porta au marquis de Carabas.
Le marquis de Carabas le remercia et lui dit que cela lui faisait plaisir.

☐ Quelques jours après, le chat partit dans un bois.
Grâce à sa ruse, il attrapa un lapin venu se fourrer dans son sac.
Puis il le porta au roi de la part du marquis de Carabas.
Le roi le remercia et lui dit que cela lui faisait plaisir.

---

❷ Numérote les phrases dans l'ordre de l'histoire.

☐ Il met du son et des herbes odorantes dans un sac.

☐ Un lapin s'approche et entre dans le sac.

☐ Le chat décide d'attraper un lapin.

☐ Aussitôt, le chat tire les cordons du sac.

☐ Il pose le sac à côté de lui et attend en faisant le mort.

☐ Il prend l'animal et le tue.

---

❸ Quel nom le chat donne-t-il à son maître ?

---

❹ À ton avis, pourquoi le chat porte-t-il le lapin au roi ?

Date : ....

1 De qui s'agit-il ? Colorie la case qui correspond au mot souligné.

Tout heureux, <u>il</u> s'en alla chez le roi et demanda à <u>lui</u> parler.

le roi	le chat

au roi	au chat

On <u>le</u> fit entrer dans le palais. Il fit une grande révérence au roi, et <u>lui</u> dit :

le chat	le marquis

au roi	au chat

– Voilà, sire, un lapin de garenne que Monsieur le marquis de Carabas (c'était le nom qu'<u>il</u> avait choisi de donner à son maître, le fils du meunier)

le roi	le chat

m'a chargé de <u>vous</u> offrir de sa part.

au marquis	au roi

– Dis à ton maître que je <u>le</u> remercie et qu'il <u>me</u> fait plaisir.

le marquis	le roi

au chat	au roi

---

2 Écris un mot de la même famille.

joli → joli**ment**

grave → ____________________

triste → ____________________

lent → ____________________

rapide → ____________________

honnête**ment** → honnête

rarement → ____________________

énormément → ____________________

pauvrement → ____________________

poliment → ____________________

---

3 Écris une phrase en utilisant l'un des mots trouvés dans l'exercice 2.

Date : ....

✪ **Le meunier a laissé le moulin à son fils aîné, son âne au second et son chat au plus jeune.**
Écris ce que pense l'aîné qui a eu le moulin.

• **Écris ce que pense le second qui a eu l'âne.**

p. **10** et **11**

Date : ....

❶ Réponds à la question. Coche le dessin et écris le nom correspondant.

• Où le chat s'est-il caché cette fois-ci ?

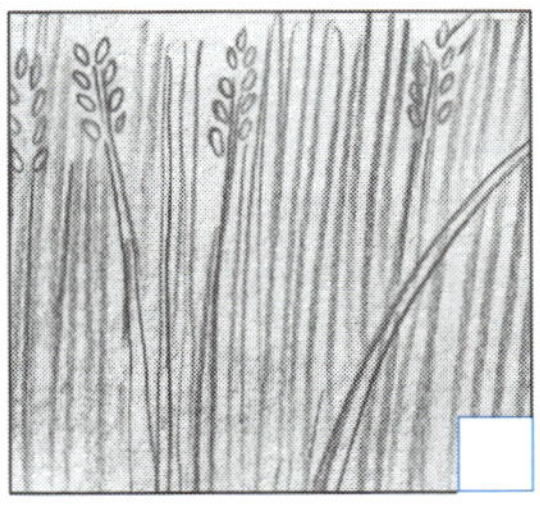

____

• Qu'a-t-il attrapé ?

____

---

❷ Le roi est satisfait des nouveaux cadeaux du marquis de Carabas.
Relève la phrase qui le dit.

---

❸ Entoure la phrase qui a le même sens que la phrase encadrée.

Si vous suivez mon conseil, votre fortune est faite.

Si vous suivez mon chemin, votre bonheur est fait.

Si vous faites ce que je vous dis, vous serez riche.

Si vous suivez mon conseil, il vous arrivera malheur.

---

❹ La princesse et le roi vont se promener sur le bord de la rivière.
À ton avis, pourquoi le chat dit-il à son maître de se baigner à ce moment-là ?

p. 12 à

❶ **Que crie le chat ? Complète la bulle.**

❷ **Coche ce qui correspond à l'histoire.**

- Le fils du meunier
  - ☐ se noie car il ne sait pas nager.
  - ☐ fait semblant de se noyer.
  - ☐ se baigne pour se rafraîchir.

- Le chat appelle au secours
  - ☐ car le marquis se noie.
  - ☐ pour attirer l'attention du roi.
  - ☐ car le roi risque de se noyer.

- Les habits du marquis de Carabas
  - ☐ ont été pris par les voleurs. ☐ sont tombés à l'eau. ☐ ont été cachés par le chat.

❸ **Relie.**

aller à merveille •	• aller en premier
porter ses fruits •	• aller très bien
prendre les devants •	• réussir

❹ **Que pense le chat à la fin de cet épisode ? Recopie ce qui convient.**

- « Ah ! Ma ruse a réussi ! Je vais pouvoir me reposer maintenant ! »
- « Je suis malin ! J'ai réussi à tromper le roi. Je continue. Mon maître deviendra riche ! »
- « Je suis le plus malin ! J'ai réussi. Mon maître est riche maintenant. »

❶ Écris au présent les verbes soulignés.

Le roi reçut avec plaisir les deux perdrix, et lui fit donner à boire.

Le chat continua ainsi d'apporter au roi le gibier de son maître.

Un jour, il apprit que le roi devait aller en promenade, sur le bord de la rivière, avec sa fille, la plus belle princesse du monde.

Il courut parler à son maître.

- apprend
- doit
- fait
- continue
- court
- reçoit

❷ Écris les phrases au passé. Aide-toi des verbes soulignés de l'exercice 1.

Le marquis fait semblant de se noyer. Un garde court lui porter secours.

❸ Dans chaque série, entoure les mots identiques au mot encadré.

gibier	gosier – gibier – gémir – gibbon – garder – barbier – gibet – geste – gibier
conseil	orteil – constat – réveil – conseil – console – consul – conseil – éveil
costume	coutume – couture – cortège – bitume – costume – légume – agrume
rivière	rive – rivière – rivage – civière – rizière – rivière – rivaliser

Date : ....

L'autre jour, je pêchais des poissons dans la rivière. Pendant ce temps, un jeune homme se baignait un peu plus loin. Tout à coup, il s'est passé une chose étonnante.

Écris la suite de l'histoire que raconte le héron. Illustre ton texte.

Date : ....

❶ Complète les paroles du chat.

« Bonnes gens, si vous ne dites pas au roi que ce que vous fauchez appartient au marquis de Carabas,

❷ Coche ce qui correspond à l'histoire.

Les paroles du chat aux paysans sont :

☐ des gentillesses. ☐ des menaces. ☐ des politesses.

❸ Écris ce que peut penser chaque personnage lorsque les paysans répondent : « C'est à Monsieur le marquis de Carabas. »

❹ Pourquoi le chat veut-il faire croire au roi que toutes ces terres sont au marquis de Carabas ?

Date : ....

❶ Complète le texte avec les mots donnés.

roi | marquis | chat | ogre | lion

Le ________________ marche devant le carrosse. Il demande à tous ceux qu'il rencontre de dire que les terres qu'ils travaillent appartiennent au ________________.

Le ________________ est de plus en plus étonné.

Le ________________ arrive enfin devant un magnifique château habité par un ________________ très riche.

L'________________ le reçoit. Le ________________ lui demande :

« Pouvez-vous vraiment vous transformer en ________________ ou en éléphant ? »

L' ________________ se transforme aussitôt en ________________ .

Le ________________ est si effrayé qu'il grimpe sur une gouttière.

Peu après, l'________________ redevient normal et le ________________ se montre.

Il avoue qu'il a eu bien peur.

❷ À qui appartiennent en réalité toutes les terres que le roi a admirées ?

❸ Coche la réponse qui correspond à l'histoire.

Que fait le chat pour que l'ogre le reçoive ?

- ☐ Il demande s'il peut visiter son magnifique château.
- ☐ Il lui apporte un lapin.
- ☐ Il demande à lui parler. Il lui dit qu'il n'a pas voulu passer si près de son château sans avoir l'honneur de lui faire la révérence.

❹ Et toi, serais-tu entré dans le château ? Pourquoi ?

Date : ....

1 **Reconstitue la phrase du texte avec les mots donnés.**

si effrayé | le chat | sur la gouttière | fut | qu'il grimpa | aussitôt

2 **Complète les phrases.**

- Le chat fut si heureux qu'il ______________________
- Le chat fut ______________ qu'il ______________________
- Le ______________ fut ______________ qu' ______________________

____

3 **Transforme comme dans le modèle.**

moissonner → moisson**neur**

faucher → ______________

chercher → ______________

coiffer → ______________

garage → garag**iste**

dent → ______________

fleur → ______________

pompe → ______________

4 **Relie les mots d'une même famille.**

musique •	• technicien
mécanique •	• musicien
technique •	• mécanicien

5 **Écris une phrase avec un des mots des exercices 3 et 4.**

Continue le texte :
– en imaginant une autre transformation de l'ogre ;
– en racontant la réaction du chat.
Illustre ton texte.

L'ogre reçut le chat aussi bien que le peut un ogre et lui proposa de s'asseoir.
– On m'a raconté, dit le chat, que vous saviez vous changer en toutes sortes d'animaux, que vous pouviez, par exemple, vous transformer en

❶ Recopie ce que le chat dit à l'ogre pour que celui-ci se sente obligé de se transformer en souris.

❷ Que fait le chat lorsque l'ogre se transforme en souris ?

❸ Numérote les phrases dans l'ordre de l'histoire.

☐ Le chat croque la souris.

☐ L'ogre se transforme en souris.

☐ Le chat court au-devant du carrosse et dit au roi : « Que votre Majesté soit la bienvenue dans le château de Monsieur le marquis de Carabas. »

☐ Le roi passe devant le château et veut le visiter.

❹ Coche les bonnes réponses.

- Le chat croque la souris sans hésiter :

☐ parce qu'il a très faim.

☐ pour faire croire que c'est le château de son maître.

☐ pour devenir le maître du château.

☐ pour faire disparaître l'ogre.

- Le roi dit : « Je n'ai jamais rien vu de plus beau. » Cela montre :

☐ qu'il est jaloux.

☐ qu'il est émerveillé.

☐ qu'il est admiratif.

☐ qu'il est riche.

❺ À ton avis, que va-t-il se passer maintenant ?

1 Barre les phrases intruses.

Le roi, le marquis et la princesse entrèrent dans le château. Le fils du meunier ne pouvait se contenter d'avoir si peu. Un magnifique repas était préparé.
Le roi trouvait le marquis formidable. La princesse en était folle.
Au bout d'un moment, le roi s'écria : « Ne vous inquiétez pas, vous n'avez qu'à me donner un sac et des bottes. Il ne tient qu'à vous, monsieur le marquis, de devenir mon gendre ! »
Le marquis fit ce que son chat lui conseillait, sans comprendre à quoi cela pouvait servir.
Le marquis était ravi : le jour même, il épousa la princesse.
Le chat se mit à crier de toutes ses forces : « Au secours ! Au secours ! L'ogre est revenu ! »
Le chat devint un seigneur, et ne courut plus après les souris que pour s'amuser.

2 Pourquoi le roi propose-t-il au marquis d'épouser sa fille ?

3 À ton avis, que pense le chat lorsque le marquis épouse la princesse ?

4 À la fin de cette histoire, que pourrait dire le marquis à son chat ?

1 Écris au présent les verbes soulignés.

Le marquis, aux anges, accepta l'honneur que lui faisait le roi et,

le jour même, épousa la princesse. Le chat devint un grand seigneur,

et ne courut plus après les souris que pour s'amuser.

devient
épouse
accepte
court
fait

2 Écris au futur les verbes soulignés.

Le marquis, aux anges, accepta l'honneur que lui faisait le roi et,

le jour même, épousa la princesse. Le chat devint un grand seigneur,

et ne courut plus après les souris que pour s'amuser.

deviendra
épousera
acceptera
courra
fera

3 Dans chaque série, entoure le mot qui appartient à l'histoire.

charme	marquis	magnétique	casserole	seigneur	cendre	planter
calme	marqueur	magnifique	carrosse	soigneur	gendre	plancher

4 Retrouve les mots cachés dans la grille. Écris-les.

f	l	p	l	a	r	e	p	a	s	d
s	h	o	n	n	e	u	r	v	s	h
h	é	r	i	t	a	g	e	p	u	k
z	k	m	a	l	i	c	e	q	t	d
p	g	o	u	t	t	i	è	r	e	l
j	n	r	é	v	é	r	e	n	c	e

Date : ....

Écris la lettre que le marquis pourrait envoyer à ses frères après son mariage.

Date : ....

COLLECTIF

1 Écris la morale de cette histoire d'une autre façon.

La malice et le courage
Valent mieux que tout héritage.

2 Colorie d'une même couleur la ruse et son effet.

Le chat apporte du gibier au roi.	Le roi rencontre le marquis de Carabas.
Le chat fait croire que le marquis se noie.	Le roi pense que toutes les terres sont au marquis.
Le chat cache les habits de son maître.	Le roi entend parler du marquis de Carabas. Il le trouve sympathique.
Le chat menace les paysans. Ils doivent dire que les terres appartiennent au marquis de Carabas.	Le marquis devient le maître du château.
Le chat demande à l'ogre de se transformer en souris pour le manger.	Le marquis porte maintenant de beaux vêtements et il plaît à la princesse.

3 Connais-tu l'autre titre de ce conte ? Écris-le.

4 Gustave Doré a illustré *Le Maître Chat* de Charles Perrault au XIXe siècle. Compare cette illustration à celle de ton album.

Ressemblance :

Différence :

Date : ....

1 Colorie la case en jaune si tu entends [t], en bleu si tu entends [d].

☐ ☐ ☐

la ____________ ____________ ____________

• Écris le mot qui correspond à chaque dessin à l'aide des syllabes :

din | châ | ble | teau | don | ta

2 Transforme chaque mot en remplaçant l'une des lettres par un (t).

un pas	malin	une cape
un ____________	le ____________	une ____________
moi	une voile	il pousse
____________	une ____________	il ____________

3 Transforme chaque mot en remplaçant l'une des lettres par un (d).

la bouche	du charbon	il est roux
la ____________	un ____________	il est ____________
il sort	elle sonne	une corne
il ____________	elle ____________	une ____________

4 Devinettes.

• Il crache du feu. C'est le ____________ .

• Sa fourrure frisée est tondue. C'est le ____________ .

• Il ressemble à un gros lézard. C'est le ____________ .

Date : ....

❶ Colorie la case en jaune **si tu entends [p], en** bleu **si tu entends [b].**

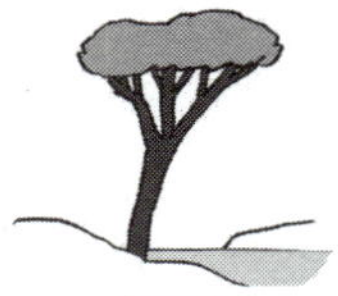

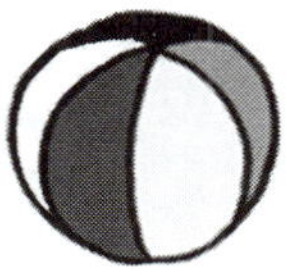

• Écris sous chaque dessin le mot qui lui correspond.

hibou	chapeau	arbre	crabe	baleine	peigne	guêpe	ballon

❷ Transforme chaque mot en remplaçant l'une des lettres par un (p) ou par un (b).

la souche	la main	une cage
la ______	le ______	une ______
une tranche	un chameau	belle
une ______	un ______	une ______

❸ Colorie la case en jaune **si tu entends [p], en** bleu **si tu entends [b].**

un ______

• Écris le mot correspondant à chaque dessin à l'aide des syllabes :

pé	bar	ta	be	que	pa	le	bot

Livret d'entraînement à la lecture p. 19

1 **Lis le virelangue encadré. Entraîne-toi à le dire.**

Marie ment, mais mémé m'aime.

• **Choisis deux groupes de mots pour écrire ton virelangue.**

mon amie – la dame – le mammouth – le maître – mon ami – mamie
le merle – la maîtresse – le gamin – maman – le moineau
le meunier – la gamine – Manuel – le moustique – la meunière

ment, mais m'aime.

2 **Lis le virelangue encadré. Entraîne-toi à le dire.**

Dans la nuit, est né un nain de lune.

• **Choisis un groupe de mots dans chaque cadre pour écrire ton virelangue.**

un âne – un renard – une sardine
un moineau – un animal
une baleine – une hermine
une personne

de laine – énervé – énervée
de neige – noir – noire – de nacre
nouveau – nouvelle – de Chine

Dans la nuit, est né(e)

3 **Écris le mot correspondant à chaque dessin à l'aide des syllabes :**

ba	do	nu	mi	ro	ne	mé	no	na

le ....

Date : ……………………………………………

❶ Écoute la lecture des deux premiers vers.
Chaque signe correspond à une même voyelle. Complète la légende.

À P●r∗s,
Tous les ch●ts sont gr∗s.
Dans le Jur●,
Tous les ch●ts sont gr●s.
À Saint M●l◊,
Tous les ch●ts sont gr◊s.

Légende
● → ______
∗ → ______
◊ → ______

---

❷ Écris le mot correspondant à chaque dessin à l'aide des syllabes :

une ______

______

______

pi	ge
rie	o
nu	a
ta	te
ra	

______

______

______

pe	che
ble	lu
ta	py
ma	car
ja	

---

❸ Entoure les mots dans lesquels on entend :

[a] → une lampe – malade – une chanson – une cascade – un préau
[o] → un pont – du chocolat – une poule – la poterie – un paquebot – le roi
[i] → une pie – une saison – une pyramide – une vipère – un balai – une fille
[ə] → une tirelire – un chemin – un cahier – deux – le ventre – la pelote
[y] → une plume – la route – une punaise – un bateau – que – la bulle

---

❹ Écris des groupes de deux lettres qui correspondent à un seul son.

Exemple : avec **o** → oi, on, ou

avec **a** → ______ avec **i** → ______ avec **e** → ______

Livret d'entraînement à la lecture p. 21

Date : ....

1 Recompose les mots avec les lettres.

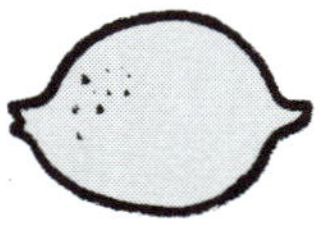

tonric

un ____________

goubie

une ____________

ior

un ____________

risuos

une ____________

otngmane

une ____________

sonpios

un ____________

2 Complète avec (on) (oi) (ou).

la b____che

le c____

le c____de

les d____gts

le fr____t

la j____e

le ment____

la p____trine

3 Entoure les syllabes dont tu as besoin pour construire chaque mot. Écris le mot.

voiture – écolier

____

dragée – gonfler

____

écarter – menton

____

mouton – malin

____

Livret d'entraînement à la lecture p. 21

❶ Écris le mot correspondant à chaque dessin à l'aide des syllabes :

rai	paud
man	sin
cra	teau

le ______________ ______________ ______________

❷ Complète les mots croisés avec (an) (au) (ai).

❸ Barre l'intrus dans chaque colonne.

maison	planter	fauteuil
piano	amande	gauche
craie	ananas	sauver
aigle	orange	truand

❹ Complète la comptine.

Qui va à Milan ? C'est ______________ .

Qui reste bien au chaud ? C'est ______________ .

Qui préfère le frais ? C'est ______________ .

l'élégant	Renaud
Gaëtan	le Portugais
l'Anglais	le Français
le géant	le costaud
le gourmand	

Livret d'entraînement à la lecture p. 22

Date : ....

1 **Colorie la case en** jaune **si tu entends [f], en** bleu **si tu entends [v].**

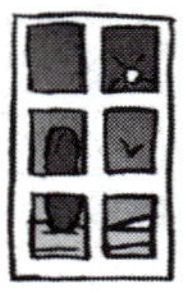   

- **Écris sous chaque dessin le mot qui lui correspond.**

| vautour | fleur | dauphin | vache | avion | fenêtre | coffre | chèvre |

2 **Colorie la case en** jaune **si tu entends [f], en** bleu **si tu entends [v].**

- **Écris le mot correspondant à chaque dessin à l'aide des syllabes :**

| li | mée | me | vre | mi | tô | fan | four | fu |

3 **Invente un virelangue en changeant les mots soulignés.**

- Le <u>furet</u> a fait la fête avec les <u>filous</u>.

- La <u>vache</u> <u>Valentine</u> a avalé une <u>pieuvre</u>.

Livret d'entraînement à la lecture p. 22

❶ Colorie la case en bleu **si tu entends [k], en** jaune **si tu entends [g].**

 ☐

 ☐

 ☐

 ☐

 ☐

---

❷ Relie pour former des mots. Écris-les.

ca •	• fé
ga •	• min
	• mion
	• lette

co •	• ton
go •	• belet
	• cotier
	• ber

car •	• çon
gar •	• ton
	• te
	• dien

qui •	• lle
gui •	• tare
	• gnol
	• tter

---

❸ Complète chaque phrase avec le mot qui convient.

- Ce chocolat a vraiment bon ______________ .
- Après la récréation, les élèves entrent en ______________ .
- Il m'a offert une ______________ .
- Le ______________ a fondu à la chaleur.
- J'ai vu un ______________ nager sur le lac.

cou	goût
classe	glace
bac	bague
klaxon	glaçon
cygne	sigle

Date : ....

❶ Colorie la case en bleu **si tu entends [ʃ], en** jaune **si tu entends [ʒ].**

☐ ☐ ☐ ☐ ☐ ☐

❷ Sépare chaque mot par un trait.

chenillejouejupecheminéechameau

• **Écris sous chaque dessin le mot qui lui correspond.**

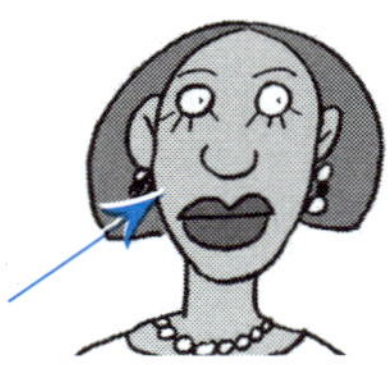    

❸ Écris le mot qui correspond à chaque devinette.

che | bou | et | jou

• C'est là que se trouve ta langue.

la ______________________

• Tu t'amuses souvent avec.

un ______________________

ca | tor | ge | chon

• On y met les oiseaux, les hamsters.

une ______________________

• Il sert à essuyer la vaisselle.

le ______________________

❹ Entoure le mot exact.

• Derrière la plante, il y a un animal qui < bouge. / bouche.

• Dans les cahiers, la maîtresse écrit des choses dans la < marche. / marge.

• La < chatte / jatte > allaite ses chatons.

• Cet escalier a plus de cent < marches. / marges.

• Quel < âge / hache > as-tu ?

Date : ....

1 Barre l'intrus dans chaque série de mots.

- la montagne – la vague – la ligne – un signe – un oignon
- le cirque – la barque – une figue – un bouquet – la raquette
- une bague – le guide – une guêpe – la langue – une marque

2 Écris chaque mot en utilisant les lettres données.

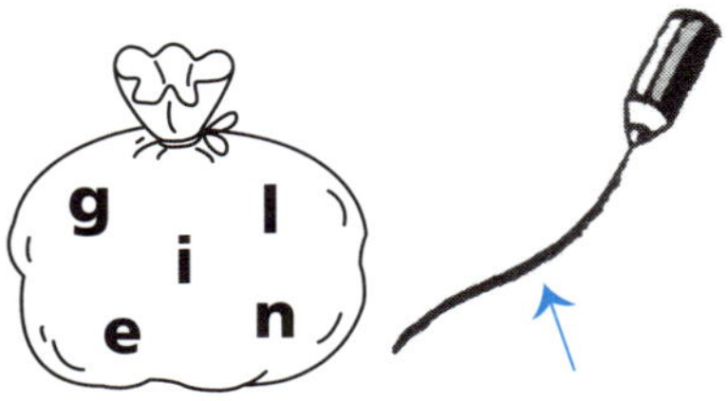

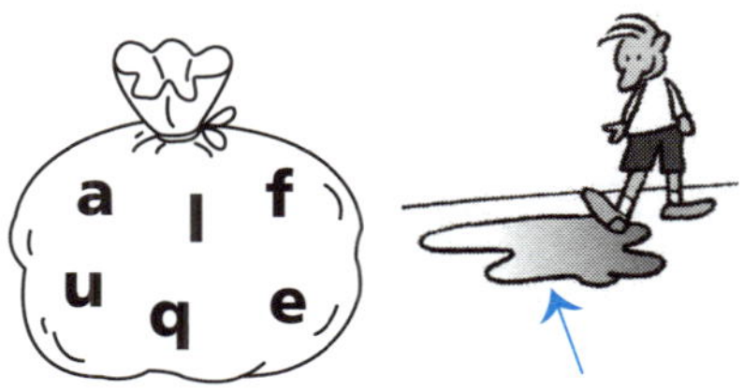

3 Colorie la case selon le code : [k] [g] [ɲ] .

☐ ☐ ☐ ☐ ☐ ☐

4 Classe les mots donnés dans le tableau :

gui – kilomètre – peigne – cinq – blague – plaque – guêpe
guidon – quand – montagne – champignon

[k]	[g]	[ɲ]

Date : ....

❶ Complète les mots suivants avec (ch) (ph) (h).

un ____apeau *un ____omme* *un ____oque* *un ____are* *le ____at*

❷ Entoure le mot correspondant à chaque devinette. Écris-le.

Petit insecte noir qui se pose sur la confiture.	On l'utilise pour se parler à distance.	Petit animal qui pique.
la biche	le téléphone	l'hélicoptère
la douche	la photo	le héron
la mouche	l'éléphant	le hérisson
____________	____________	____________

❸ Change la lettre entourée pour écrire de nouveaux mots.

(v)ache	*(l)ouche*	*(h)omme*	*(l)âcher*
________	________	________	________
________	________	________	________
________	________	________	________

❹ Complète la grille et trouve le mot caché.

1. femelle du chat
2. tour pour guider les bateaux la nuit
3. culotte pour les bébés
4. contraire de pauvre
5. gros animal d'Afrique et d'Asie

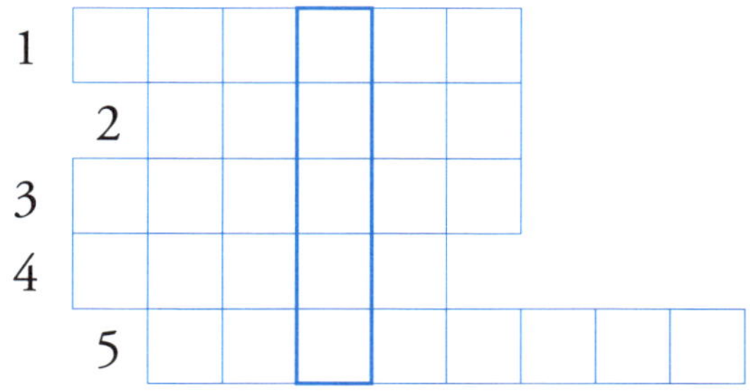

Il a ____________ son pantalon avec du café.

Livret d'entraînement à la lecture p. 24

Date : ....

1 **Colorie : en** jaune **les mots dans lesquels la lettre e fait [ə],**
en bleu **ceux dans lesquels la lettre e fait [ɛ].**

petit – terre – recevoir – belle – relis – trompette – une veste – sec – regard

---

2 **Écris le mot correspondant à chaque dessin à l'aide des syllabes.**

cher | her | be | mer | ro | ver | me | hi | fer

la ______ ______ ______ ______ ______

---

3 **Relie les syllabes qui permettent de composer un mot.**

pa • / ca • / li • — • resse	rou • / pu • / ga • — • lette	ca • / brou • / chou • — • ette	fi • / étin • / cui • — • celle

• **Écris les mots trouvés.**

______ ______ ______ ______

______ ______ ______ ______

---

4 **Change une lettre à chaque fois pour trouver un nouveau mot.**

donne du goût aux aliments — contraire de « mouillé » — bouche des oiseaux

sol ⟶ s______ ⟶ s______ ⟶ ______

---

5 **Classe les mots donnés dans le tableau :**

appel – il resta – tenir – avec – chemise – mesure – guenon – charrette

e [ə]	
______	______
______	______

e [ɛ]	
______	______
______	______

Livret d'entraînement à la lecture p. 25

Date : ……………………………………………………………

1 Complète chaque mot.

l'__rd__n__teur — un m__s__cien — une cour__nn__

• Écris les mots trouvés.

____________ ____________ ____________

2 Entoure : en orange les mots dans lesquels on entend [t],
en vert ceux dans lesquels on entend [d].

quatre – indien – lait – fort – date – laid – cadre – fête – étage – bord

3 Entoure : en jaune les mots dans lesquels on entend [p],
en bleu ceux dans lesquels on entend [b].

pou – beau – haute – poule – coup – apeuré – publicité – biche – plomb

4 Place les mots dans la grille.

moustique
hirondelle
chaussures
aigle
poignet
marguerite
tige
photo

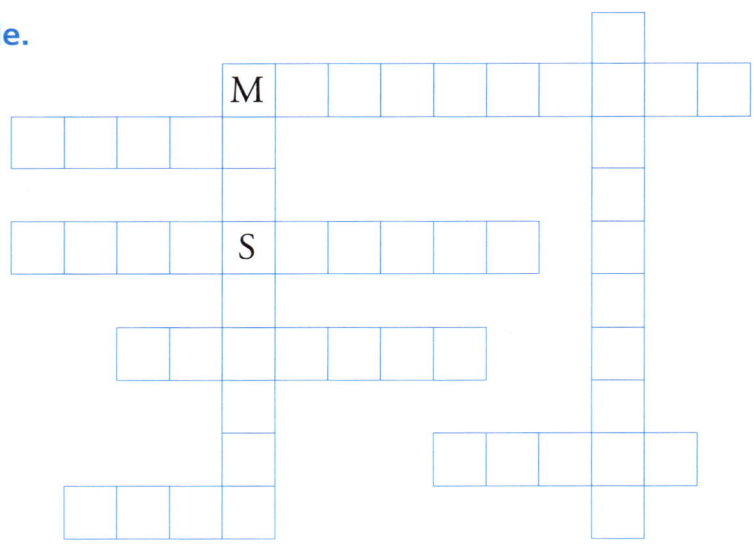

5 Barre le mot qui ne convient pas.

• J'aime faire des < mots / nos > croisés.

• Ton exercice est < veau. / faux.

• As-tu vu < mots / nos > camarades ?

• La vache appelle son < veau. / faux.

Date : ....

1 **Sépare chaque mot par un trait.**

tableboucleplateauflûteongle

• **Écris sous chaque dessin le mot qui lui correspond.**

 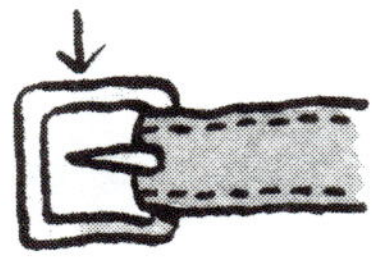 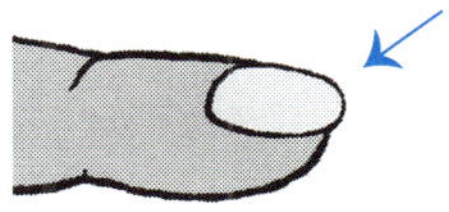  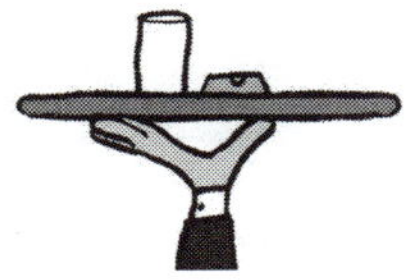

---

2 **Relie pour former des mots. Écris-les.**

plan •   • ble   • te   • che

fla •   • que   • con   • pe

cla •   • vier   • ter   • sse

gla •   • que   • ce   • çon

---

3 **Barre l'intrus dans chaque colonne.**

sable	plage	classe	aveugle	flou
blé	culpabilité	climat	glisser	flacon
bulbe	souple	calcium	algue	film
bleu	plissé	muscle	glu	gifle
diable	plancher	claque	igloo	flaque

---

4 **Complète la grille avec :**

(fl) (cl) (gl) (bl) (pl).

Date : ....

❶ Écris le mot correspondant à chaque dessin à l'aide des syllabes :

la ______________

____

____

____

____

____

4

____

____

o	ar
pru	a
vre	dre
qua	frai
ne	ca
bre	se
ba	cro
tre	li
gre	te

❷ Fabrique des mots et écris-les.

pré < au / tau / nom

cra < be / paud / meau

tra < voix / ce / jet

dra < gée / qui / peau

______________ ______________ ______________ ______________

______________ ______________ ______________ ______________

❸ Complète avec le mot qui convient.

Robin a eu peur, il a poussé un ______________ .

En mélangeant du blanc et du noir, on obtient du ______________ .

gris
cri

Dans le conte du Petit Poucet, l' ______________ est cruel.

La terre est parfois de couleur ______________ .

ocre
ogre

Dans sa gueule, le tigre a des ______________ terribles.

L'éléphant est un très ______________ animal.

crocs
gros

Livret d'entraînement à la lecture p. 26

1 Colorie d'une même couleur les mots qui contiennent la même syllabe.

écharpe espoir lustre aspirateur

illustrer costume escalier gorge

chardon astronome bigorneau costaud

2 Complète les mots avec : is as ir or us .

Elle donne l'heure : c'est l'h____loge.

C'est un livre plein de cartes du monde : c'est un atl____ .

Elle s'occupe des malades : c'est une inf____mière.

Il soigne les dents : c'est le dent ____ te.

On l'écrit au début d'une phrase : c'est la maj ____cule.

3 Écris un mot nouveau en changeant la première lettre.

pour → ________ → ________ → ________ → ________

4 Écris le mot qui correspond à chaque dessin.

un ________

de l' ________

un ________

un ________

5 Barre l'intrus dans chaque colonne.

triste	ruse	élastique	costaud
biscotte	muscle	gras	os
liste	buste	masque	gros
gris	crustacé	vaste	poste

Date : ....

1 **Écris le mot qui correspond à chaque dessin.**

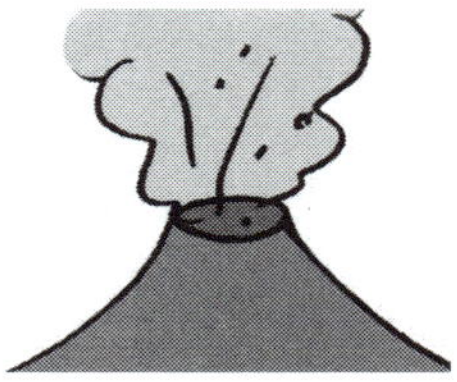

h

2 **Change la lettre entourée pour écrire de nouveaux mots.**

bol   sac   cil

3 **Entoure les syllabes dont tu as besoin pour construire chaque mot. Écris le mot.**

costaud amertume	journée canal	facture docteur	capturer Ursule

4 **Copie le mot qui correspond à chaque définition.**

Personne qui joue dans les films	Animal du désert qui ressemble à un renard	Livre avec beaucoup d'illustrations	Sport où l'on doit placer une balle dans des trous
tracteur	fusil	dictionnaire	golf
action	fennec	albatros	bloc
facteur	futur	alarme	calque
acteur	fureur	album	troc

Date : ....

❶ **Barre l'intrus dans chaque colonne.**

addition	partie	acrobatie	station
ponctuation	ortie	péripétie	question
commission	sortie	pharmacie	collection
fabrication	il balbutie	diplomatie	disparition

---

❷ **Colorie les mots encadrés : en jaune si tu entends [s],**
en bleu si tu entends [t].

- Nous partions chaque année en vacances.
- C'est la maison dans laquelle nous habitions avant.
- Dans ce film, il y a beaucoup d' action .
- Les élèves sortent en récréation .
- Nous portions chacun une portion de gâteau.

---

❸ **Complète les phrases puis écris les mots dans la grille.**
Tous les mots se terminent par tion.

1. Robin compte ce qu'il a dépensé, il fait une ______________________ .
2. À la piscine, on fait de la ______________________ .
3. Vincent a eu une ______________________ , car il s'est battu dans la cour.
4. Jessica a plus de cent timbres dans sa ______________________ .
5. Maman s'est arrêtée à la ______________________-service.
6. La virgule est un signe de ______________________ .

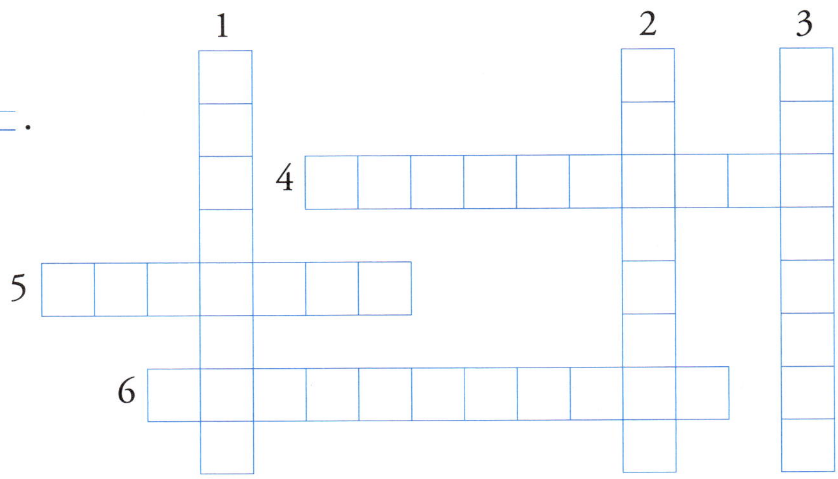

Livret d'entraînement à la lecture p. 29

Date : ....

❶ Écris le mot correspondant à chaque dessin à l'aide des syllabes :

| sty | spi | ta | lo | ra | sta | tue | le | cle | spec |

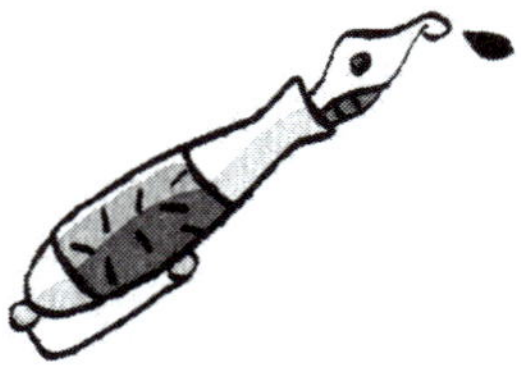

la ______________ ______________ ______________ ______________

❷ Relie les mots qui se ressemblent.

stupide •	• stagiaire
sport •	• sportif
stage •	• stupidité
spécial •	• spécialité

❸ Écris le groupe de mots qui correspond à chaque définition.

| le prospectus | le cactus | le scorpion | la sieste |

1. Plante verte très piquante : ______________
2. Petit moment de repos : ______________
3. Feuille gratuite où l'on trouve des annonces publicitaires : ______________
4. Petit animal des pays chauds dont la queue porte un aiguillon qui pique : ______________

❹ Sépare chaque mot par un trait.

espacehélicoptèreinstrument

• **Écris les mots trouvés.**

Date : ....

1 **Colorie la case en** jaune **si tu entends [wɛ̃], en** bleu **si tu entends [ɛ̃].**

☐

☐

☐

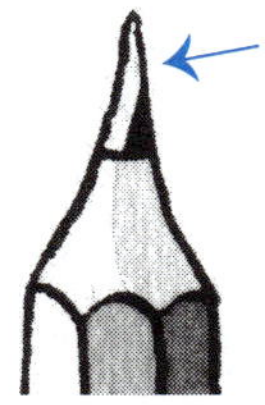
☐

2 **Tous ces mots contiennent le groupe de lettres** (ain)**. Écris-les.**

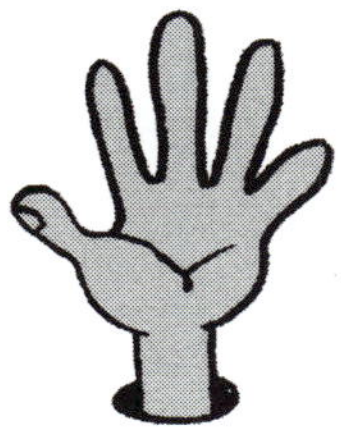
la ____________

un ____________

du ____________

le ____________

3 **Écris le mot qui correspond à chaque définition.**

1. Herbe sèche que mangent les vaches, l'hiver : . . . le ____________
2. Contraire de près : . . . . ____________
3. Artiste qui peint des tableaux : . . . . un ____________
4. Permettent de s'arrêter en vélo : . . . . les ____________

4 **Complète la grille de mots croisés.**

1. Matière qui sert à peindre.
2. Ils sont plusieurs dans un épi de blé.
3. Toujours à la fin d'une phrase.
4. Plusieurs fois dans une chanson.
5. Pour tenir le pantalon.
6. Après aujourd'hui.

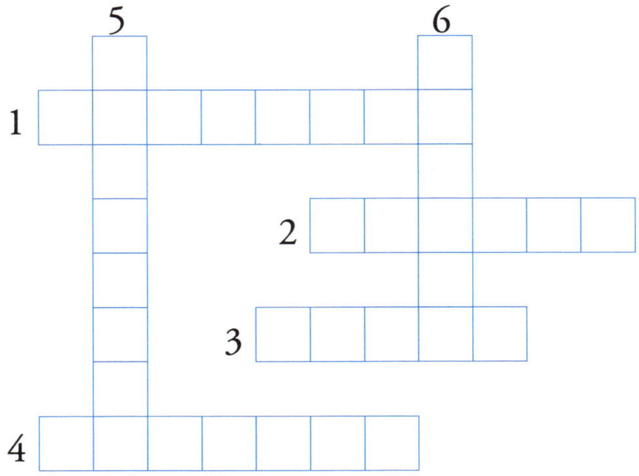

Livret d'entraînement à la lecture p. 30

Date : ....

1 **Complète chaque série avec le mot qui convient.**

- la peinture – il est teint – ______________
- le chien – bien – ______________
- moins – loin – ______________
- un espion – une question – ______________
- terrifiant – étudiant – ______________
- soudain – demain – ______________

le soin
souriant
un frein
le musicien
africain
un champion

---

2 **Écris le mot correspondant à chaque dessin à l'aide des syllabes :**

main | lam | tre | ro | pein | dien | poin | in | te | pion

____

____

____

____

____

---

3 **Entoure le mot exact.**

le point / le pion > d'interrogation

les pions / les points > du jeu de dames

le client / le chien > du magasin

Le client / Le chien > jappe.

Le chat < craint / criant > son maître.

Il appelle son chat en < craint. / criant.

le lion / le loin > du zoo

C'est < loin. / lion.

J'ai mal aux < reins. / rien.

Il n'y a < reins. / rien.

un fauteuil < plaint / pliant

Il se < plaint / pliant > car il souffre.

Livret d'entraînement à la lecture p. 30

Date : ....

1 **Ajoute les accents qui ont été oubliés.**

Aujourd'hui, c'est la fete : Romeo et Irene preparent leur recette
preferee : les crepes. Leur grand-mere les aide.
Dans la crepiere, Romeo a verse une louche de pâte.
A present, il faut la retourner.
– C'est à toi, Romeo ! dit la grand-mere. Mais ne te precipite pas trop !
Romeo a bien retourne la crepe mais elle est retombee par terre !

2 **Retrouve dans chaque sac les deux mots dont on a mélangé les syllabes.**

• **Écris-les.**

la ______	la ______	les ______
la ______	le ______	les ______

3 **Complète chaque mot avec (é) ou (ê).**

l'___cole – la f___te – une r___ponse – une b___te

la t___te – un tr___sor – l'___criture – la p___che

4 **Classe les mots donnés dans le tableau :**

une trêve – un bébé – le mélange – il rêve – il gèle – un métier – la lumière – derrière

9 [ɛ]		9 [e]
ê	è	é

1 Dans chaque colonne, barre l'intrus.

le boucher	chez	le dîner	mes
élégant	vous allez	un panier	tes
une échelle	le marché	un cuisinier	nez
le téléphone	vous marchez	un écran	les

• Écris toutes les façons d'écrire le son [e] et donne un exemple.

....	....	....	....

2 Dans chaque colonne, barre l'intrus.

après	un poème	vraiment	la neige	le secret
une sirène	la tête	frais	un zèbre	troisième
la rivière	la fenêtre	un mètre	une baleine	le duvet
une aiguille	une pêche	le lait	la reine	un briquet

• Écris toutes les façons d'écrire le son [ɛ] et donne un exemple.

....	....	....	....	....

3 Entoure : en bleu les mots contenant le son [e],
en jaune les mots contenant le son [ɛ]. Attention à l'intrus.

lumière – bonnet – bêche – déguisé – la peine – Venez ! – le boulanger – un jet – un crayon – vos yeux – un balai – la laine – le peigne – la matinée

4 Retrouve les 4 mots cachés dans la grille.

v	d	r	o	m	a	d	a	i	r	e	a
p	x	r	m	u	g	u	e	t	w	n	o
w	e	a	m	z	r	é	p	o	n	s	e
d	t	a	b	l	i	e	r	q	f	r	k

1 Colorie d'une même couleur les mots qui riment.

le papillon	une merveille	un portefeuille	le sommeil	une bataille
un portail	la vanille	une fille	l'ail	le soleil	un grillon
une abeille	un écureuil	un fauteuil	une trouvaille	une feuille

2 Complète chaque tableau avec des mots de l'exercice 1.

[ij]	
ill	
ille	

[aj]		[ɛj]		[œj]	
ail		eil		euil	
aille		eille		euille	

3 Entoure les syllabes dont tu as besoin pour écrire le mot qui correspond à chaque définition.

un corbeau une abeille	→ panier en plastique ou en osier :	une ______
une valise une chenille	→ plante utilisée pour parfumer les glaces :	la ______
une baleine une entaille	→ combat entre deux armées :	une ______

4 Écris un nouveau mot en intercalant les lettres *il* dans le mot donné.

une moule → ça ______

ça roule → ça ______

la foule → on ______

la cale → une ______

5 Écris le mot correspondant à chaque dessin à l'aide des syllabes :

gro	che	reuil	nou	sei	cu	ni	ille	é	gre	lles	lle

Date : ....

1 **Écris le mot correspondant à chaque dessin à l'aide des syllabes :**

• ca | lé | sert | mel | lain | zard | dé | pou | ra

le ______________ ______________ ______________ ______________

• lis | cac | lus | te | tor | tre | cas | tus

______________ ______________ ______________ ______________

2 **Complète avec le mot qui convient.**

La péniche est passée par ______________

La place du village est à côté de ______________

l'église.
l'écluse.

Avec ses longues pattes, l' ______________ court très vite.

Il faudrait une ______________ pour transporter cette eau.

autruche
autre cruche

3 **Entoure les syllabes dont tu as besoin pour construire chaque mot. Écris le mot.**

collecte illustration	spectre obstacle	coquelicot maquillage	cadre lentilles cendrier

une ______________ un ______________ un ______________ un ______________

Iktomi et les loups grimpèrent toute la journée et toute la nuit
Iktomi voulait savoir ce que les loups regardaient
mais le jeune loup et ses frères se moquèrent de lui.
Iktomi voulait aller là-haut
mais ils n'étaient toujours pas arrivés.
mais les loups refusaient de lui répondre.

page 40

Pour quoi faire ?!	C'EST VRAI ?!	On n'a pas de poney, nous…
On vous les prêtera !!	ALLEZ ! VENEZ !!	BIEN SÛR !!

page 30

page 19

Les sangliers n'allaient pas vers sa maison.
Les voleurs n'entreront pas dans la chambre.
Le dernier voleur n'ira pas dans la maison.
Ils ne voleront pas les bijoux.

page 13

un bœuf entier	son cheval géant
son énorme massue	la montagne

page 11

la télévision	un magazine
la radio	le téléphone
un roman	l'ordinateur
une carte postale	un catalogue de vêtements
une console vidéo	un journal
un baladeur	un magnétoscope

page 7

Illustrations

pp. 4 ; 5 ; 67 à 92 : J.-Y. Grall

○ *Kolos et les quatre voleurs :* Isabelle Chatellard

● *Popotka le petit Sioux, Mahto :* Fred Simon

● *Le Maître Chat :* Benjamin Lacombe

Table des illustrations

29-2, 4	©	Job / Derib – Dargaud Benelux (Dargaud-Lombard S.A.). Illustrations extraites de *Yakari, Le marcheur de nuit,* par Derib et Job.
65	ph ©	Akg-Images. Gravure de Gustave Doré pour Le Chat Botté de Charles Perrault, Paris (J. Hetzel), 1862, Paris, BNF.

Achevé d'imprimer en février 2006 dans les ateliers de Normandie Roto Impression s.a.s., 61250 Lonrai
Dépôt légal : n° 69557 / février 2006 - N° d'impression : 060256 - Imprimé en France